Comprendre
Le Prince de Machiavel

© Max Milo éditions, Paris, 2015
« Comprendre/essai graphique »
www.maxmilo.com
ISBN 978-2-315-00641-0

Denis Collin – Laura Acquaviva

Comprendre
Le Prince de Machiavel

Max Milo
COMPRENDRE/ESSAI GRAPHIQUE

Introduction : Machiavel
ou la mauvaise réputation

La politique a mauvaise presse. Promesses non tenues, mensonges éhontés, coups bas et ruses en tous genres, n'est-ce pas le propre de la vie politique, ce qui fait souvent dire « tous pourris » ? Et quand la politique se fait philosophie, le méchant, c'est Machiavel. Le mensonge en politique, le secrétaire florentin n'en est-il pas le théoricien ? Le politicien roué, celui qui ment à tous pour parvenir à ses fins, prendre et conserver le pouvoir, n'est-il pas « machiavélique » ? Avec Machiavel, en effet, il semble bien que politique et morale ne fassent pas bon ménage. Et contre « *messer Niccolò* », le grand air de la calomnie peut être joué *ad libitum*. Pour la défense de Machiavel, on peut cependant faire comparaître quelques témoins prestigieux.

Commençons par Spinoza, ami de la vérité s'il en est. Son *Traité politique* est parcouru par un fil rouge : la référence à celui qu'il nomme « le très pénétrant Florentin », dont il vaut mieux suivre les leçons fondées sur l'expérience plutôt que les lamentations des théologiens, moralistes et autres misanthropes, tous ces individus qui refusent de traiter des hommes comme ils sont.

Convoquons maintenant Jean-Jacques Rousseau, le bon Jean-Jacques Rousseau, ennemi de toutes les fourberies dont une société corrompue est coutumière. Dans le *Contrat social*, Rousseau ne ménage pas les philosophes. Grotius et Hobbes en prennent pour leur grade. Le seul qui s'en sort avec les honneurs est justement l'auteur du *Prince*. Ainsi, dans une note, il écrit : « [...] il est naturel que les princes donnent toujours la préférence à la maxime qui leur est la plus immédiatement utile. C'est ce que Samuel représentait fortement aux Hébreux ; c'est ce que Machiavel a fait voir avec évidence. En feignant de donner des leçons aux rois, il en a donné de grandes aux peuples. *Le Prince* de Machiavel est le livre des républicains » (*Du contrat social*, livre II, in *Œuvres* III, Gallimard, « La Pléiade », p. 409). On pourra encore citer Hegel qui se plaint que « la voix de Machiavel est restée sans écho ». *Le Prince* n'est pas une satire et il faut prendre Machiavel au sérieux.

On pourrait « botter en touche » en faisant remarquer que *Le Prince* ne résume pas à lui seul la pensée de Machiavel, qui deviendrait une sorte de Janus bifront, d'un côté le cynique du *Prince* et d'un autre côté le républicain impeccable des *Discours sur la première décade de Tite-Live*. Mais inutile de se défiler. Il faut d'abord comprendre ce livre maudit qu'est le *De principatibus*. Et considérer le propos véritable, c'est-à-dire un propos de science expérimentale. Et pour être utile, l'expérience doit autant qu'il est possible se rapprocher de la « vérité effective de la chose ». Loin d'écrire le manuel de la rouerie et du cynisme politiques, l'objectif de Machiavel est moral et scientifique : il s'agit de dire la vérité au sujet de la politique. Grand expert en désillusionnement, il nous invite à regarder en face non seulement la réalité politique, mais aussi la réalité humaine, non pour abandonner

toute espérance, comme à l'entrée de l'Enfer de Dante, mais bien pour penser sérieusement l'action, à l'image du chapitre XXVI où Machiavel appelle à « libérer l'Italie des Barbares ». Car pour combattre la barbarie, nous n'avons besoin ni de paroles ni de beaux sentiments, mais bien de la vérité, quelque amère qu'elle soit.

Le Prince, un livre fondateur
de la pensée politique moderne

Niccolò Machiavelli naît en 1469 à Florence. Il est le fils de Bernardo Machiavelli, propriétaire foncier qui réside le plus souvent à Sant'Andreà in Percussina, sur le territoire de la commune de San Casciano, près de Florence. La famille Machiavelli est une vieille famille de Florence qui appartient à cette bourgeoisie organisée dans les sept « arts majeurs ». Depuis le milieu du XIIIe siècle, elle a perdu une bonne partie de sa fortune, mais elle continue de donner à Florence ces honnêtes fonctionnaires, scribes et comptables qui maintiennent la continuité de la république par-delà les à-coups de la vie publique souvent agitée, tirée dans tous les sens par la lutte des partis et des familles riches comme la toute-puissante famille Médicis.

La vie de Machiavel est étroitement liée aux dernières décennies de la république de Florence. Quelques années seulement après sa mort en 1527, les républiques toscanes (Florence et Sienne) passeront sous la coupe de la famille de Médicis qui dirigera le « grand-duché de Toscane ». En 1494, c'est la première descente des armées françaises en Italie. Toute la Toscane est prise dans la tourmente. Quand les armées de Charles VIII atteignent Florence, l'insurrection populaire chasse les Médicis, qui sous l'apparence des institutions républicaines gouvernaient la ville depuis 1434. Un moine prédicateur, Girolamo Savonarola, devient le porte-parole du mouvement populaire et dirige, de fait, la république. Sous sa conduite, une réforme des institutions est entreprise avec la création du « grand conseil » qui permet une plus large participation populaire au gouvernement. Soutenu d'abord par le peuple, Savonarole prône une réforme morale qui le conduit à la rupture avec la papauté. Il est excommunié en 1497 par Alexandre VI Borgia. Au début de 1498, cependant, l'opinion commence à se retourner, et bientôt Savonarole est poursuivi, arrêté, jugé puis condamné au bûcher.

Le Prince, un livre fondateur de la pensée politique moderne

Machiavel reste à l'écart de l'agitation. En 1498, quand le « parti républicain » reprend le dessus, le nouveau « gonfalonier de justice », Piero Soderini, nomme Machiavel secrétaire de la seconde chancellerie de la république de Florence le 25 mai 1498 (cinq jours après l'exécution de Savonarole). Le 14 juillet de la même année, il est mis à la disposition des Dix de Balia, un conseil nommé pour administrer la république dans les situations exceptionnelles. Machiavel devient très vite un diplomate officieux. Il conduit de nombreuses missions pour le compte de la République florentine, notamment en France, en Allemagne ou auprès des autres cités-États de l'Italie du Nord. Une de ces missions l'envoie auprès de César Borgia, duc de Valentinois, qui s'occupe à remettre de l'ordre dans l'un des États dépendants de la papauté, la Romagne. Rencontre décisive qui permet à Machiavel d'observer un « prince », rencontre qui sera aussi la source de nombreux malentendus puisque l'on fera de Machiavel une sorte de théoricien des exactions de César Borgia.

Il s'occupe de la politique intérieure de Florence, écrivant certains des discours du gonfalonier, notamment en vue de la levée d'un impôt spécial pour financer la défense de Florence. Il assiste aussi à la nouvelle « descente » des Français en Italie avec les troubles qui s'ensuivent entre les cités italiennes. Il en tirera une conclusion importante : le malheur de l'Italie vient de la discorde, et les envahisseurs sont des « barbares » dont il faut se libérer.

En 1512, des troupes espagnoles, vénitiennes, suisses ainsi que celles du pape envahissent la plaine de l'Arno : les habitants de Prato sont massacrés (29 août). Alors que la seigneurie sous la direction de Soderini était nettement francophile et avait refusé d'adhérer à la ligue de Jules II, un soulèvement, habilement fomenté par les Médicis, renverse le parti républicain. Piero Soderini s'enfuit. Les troupes médicéennes font leur entrée dans Florence. Le Grand Conseil et le Conseil des Quatre-vingts sont supprimés. Les pouvoirs législatifs et exécutifs sont confiés à un comité qui regroupe soixante-cinq représentants des principales familles de l'aristocratie de Florence. Les dirigeants et collaborateurs du pouvoir renversé sont mis en accusation. Machiavel goûte de la prison. En 1513, une amnistie générale l'en sort, mais il est écarté de toutes les fonctions publiques et doit se résoudre à mener la vie d'un gentilhomme campagnard, partageant le vin de Chianti avec les paysans et les artisans qui fréquentent l'auberge proche de son domicile, l'*Albergaccio* de Sant'Andreà in Percussina. C'est là qu'il entreprend d'écrire un « opuscule *De principatibus* », comme il l'écrit à Francesco Vettori le 10 décembre 1513 : « Je creuse de mon mieux les problèmes que posent un tel sujet : débattant de ce qu'est la principauté[1], de combien d'espèces il y en a, comment on l'acquiert et comment on la garde et pourquoi on la perd » (*Le Prince*, in *Œuvres*, Éditions Robert Laffont, 2006, traduction de Christian Bec, p. 1239[2]).

L'ouvrage, qui sera célèbre sous le titre de son édition posthume, *Le Prince*, est dédié d'abord à Julien de Médicis puis au jeune Lorenzo Médicis

---

1. Christian Bec traduit le latin « *De principatibus* » (*principato* en italien) par « des monarchies ». Nous avons pris la liberté de remplacer « monarchie » par « principauté ».
2. Toutes les citations de Machiavel sont tirées de cette édition. Nous n'indiquerons donc entre parenthèses, pour ces extraits, que la page concernée.

pour tenter, sans succès, de revenir dans la politique active. Ce brûlot, si souvent cité, si souvent voué aux gémonies et finalement si peu lu réellement, devait « être agréable à un prince, surtout un prince nouveau ». Il devrait permettre à son auteur de revenir dans la politique active : « Quant à cette œuvre, si seulement on la lisait, on verrait que durant les quinze années que j'ai vouées aux affaires de l'État, je n'ai ni dormi, ni passé mon temps à jouer. On devrait avoir à cœur de se servir de quelqu'un qui s'est enrichi d'une expérience acquise aux frais des autres. Ma loyauté ne devrait pas être mise en doute parce que, ayant toujours été loyal, je ne puis apprendre maintenant à y manquer » (p. 1240).

Dans le même temps, il rédige les *Discours sur la première décade de Tite-Live*, un ouvrage qui défend les principes républicains. Mais, de Machiavel, on ne connaît souvent que *Le Prince* et, pour tout dire, on n'en connaît souvent que le titre et la mauvaise réputation : un manuel de « machiavélisme », c'est-à-dire de cynisme ou d'usage incontrôlé de la « raison d'État ». Par opposition à un droit qui transcenderait l'ordre politique, on dénonce les thèses « perfides » ou « perverses », bref, l'immoralisme radical du secrétaire florentin.

Machiavel affirme pourtant mettre dans cet ouvrage la chose qui pour lui est « la plus chère », la « connaissance des actions des grands hommes ; connaissance que j'ai apprise par une longue expérience des choses modernes et une continuelle lecture des anciennes » (p. 109). Les circonstances de l'ouvrage et son objectif (manqué) n'en doivent pas minorer l'importance théorique. Il circule à Florence sous forme manuscrite dès 1517. Imprimé à Rome en 1531, il sera d'abord plutôt bien accueilli, avant de susciter des réactions très violentes et des « réfutations » fort nombreuses. Cet ouvrage est cependant un des fondements de la pensée politique moderne.

La lettre à Vettori du 10 décembre indique clairement l'objectif et le contenu de l'ouvrage. Il s'agit, premièrement, de définir ce qu'est « la principauté » (« *che cosa è principato* ») ; deuxièmement de savoir combien de sortes de ces « principautés » existent ; troisièmement de savoir comment on peut les acquérir ; et, enfin, pour quelles raisons on les perd.

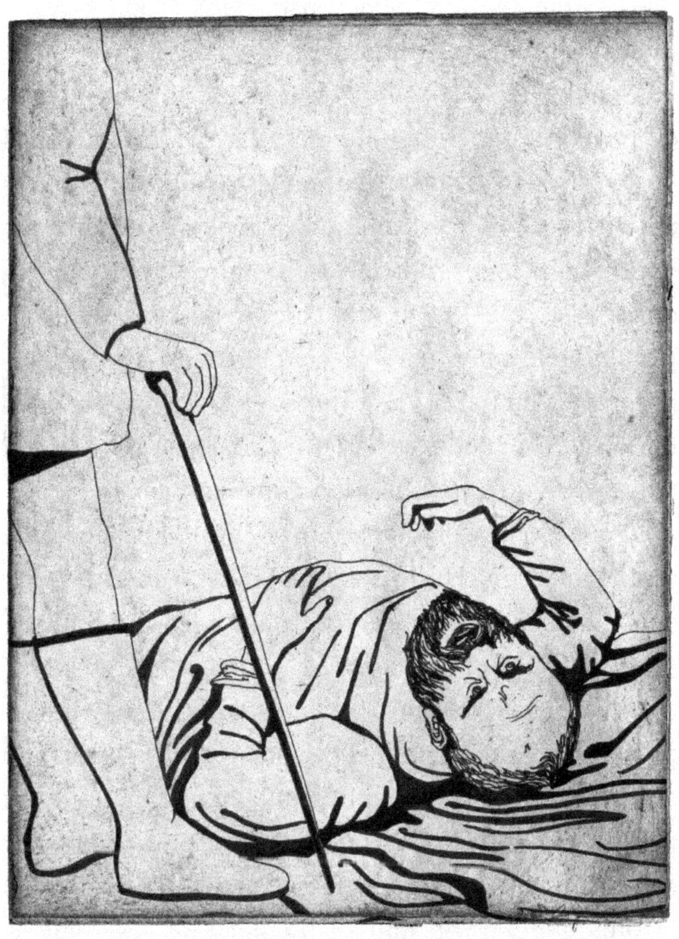

La composition rigoureuse du *Prince* suit ce plan. Le très bref chapitre I, introductif, est suivi des chapitres II à XI qui traitent des divers genres de principautés (les anciennes, II à VI ; les nouvelles ou acquises, VII à X ; les ecclésiastiques, XI) ; les chapitres XII à XIV traitent des moyens de défense dont les princes doivent se rendre maîtres ; les chapitres XV à XXV traitent des comportements du prince et le chapitre XVI, conclusif, est une exhortation à s'emparer de l'Italie et à en chasser les barbares, la tâche supérieure pour laquelle il est nécessaire qu'apparaisse un nouveau prince.

Le Prince commence par une classification dichotomique. On part du plus général pour construire le concept de *principauté* par affinements successifs. Le titre latin *De principatibus* peut se traduire par « des principautés » (ou « des principats »). Les deux titres correspondent : il s'agit bien d'un traité des principautés qui inclut un traité du prince, c'est-à-dire des qualités que doit posséder celui qui veut gouverner une principauté. Au niveau le plus général, on doit distinguer tous les régimes politiques en deux grandes classes, les principautés et les républiques : « Tous les pouvoirs qui ont eu ou qui ont autorité sur les hommes sont ou des républiques ou des principautés » (p. 110).

Il existe d'ailleurs des « principautés civiles » qui ressemblent à des républiques. En outre, traditionnellement, le terme « république » désigne tout gouvernement reposant sur des lois et la recherche du bien commun, et, par conséquent, un gouvernement où un seul homme assure le primat (une principauté au sens strict du terme) pourrait fort bien être républicain. Dans la théorie du gouvernement mixte, telle qu'elle est formulée depuis Aristote et Cicéron, et reprise, à sa manière, par Machiavel, la république ainsi constituée comporte un élément monarchique ou princier. Machiavel distingue ensuite deux sortes de « principautés » : « Les principautés sont ou héréditaires, alors que la lignée de leur seigneur a été depuis longtemps souveraine, ou bien elles sont nouvelles » (p. 110).

Mais l'important, ce sont les nouvelles principautés qui se divisent à leur tour en deux catégories : celles qui sont entièrement nouvelles ou celles qui sont ajoutées à une principauté déjà existante.

La dichotomie devient plus complexe : les principautés nouvelles quelles qu'elles soient (entièrement nouvelles ou non) se divisent à leur tour en trois fois deux sous-catégories :

- celles dont les sujets ont été accoutumés à vivre libres et celles dont les sujets sont habitués à vivre sous le commandement d'un prince ;

- celles acquises par ses propres armes ou par les armes d'un autre ;

- celles acquises par la fortune ou par la vertu.

En théorie donc, les principautés nouvelles se divisent en huit catégories produites par combinaison des trois critères dichotomiques que nous venons d'énoncer. Le chapitre II est très bref parce que la stabilité des principautés héréditaires ne pose pas de problèmes sérieux.

Le plus difficile : fonder
une principauté nouvelle

La difficulté réside bien dans les principautés nouvelles. Et c'est dans le chapitre III que l'on entre dans le vif du sujet. Des principautés héréditaires, on passe aux principautés mixtes, celles qui sont héréditaires mais auxquelles de nouvelles possessions ont été ajoutées. Leurs difficultés sont, en fait, celles de toutes les principautés nouvelles, et, comme toujours chez Machiavel, elles trouvent leur origine dans la nature des hommes : « [...] les hommes changent volontiers de maître en croyant trouver mieux. Cette croyance les fait prendre les armes contre celui-là ; ce en quoi ils se trompent car ils voient ensuite par expérience que leur condition a empiré » (p. 112). À des remarques de ce genre, on mesure combien le Machiavel du *Prince* est bien l'homme qui défend la liberté républicaine dans les *Discours* : dès que les hommes ont un maître, ils ont un mauvais maître, et s'ils en changent c'est pour un encore pire… Conclusion implicite : si vous êtes mécontents de votre maître, devenez des citoyens libres ! Et c'est cela qui constitue le discours sous-jacent dans l'ensemble du *Prince*.

Quoi qu'il en soit, cette règle, vérifiable empiriquement si l'on en croit Machiavel, a une explication. Elle découle d'une « nécessité naturelle et ordinaire » : « on doit toujours brimer ceux dont on devient le nouveau prince ». Cette « nécessité naturelle » s'explique ainsi : le conquérant doit brimer ceux qui ne voulaient pas de lui – c'est évident. Mais il ne peut pas non plus contenter ceux qui l'ont fait venir, qui sont toujours nécessairement déçus, ni complètement les brimer puisqu'il est leur obligé. Autrement dit, le prince est condamné à mécontenter toutes les factions mais, dans le cas des principautés mixtes, il doit aussi avoir des alliés puisqu'il s'agit d'entrer dans un pays dans lequel il n'était pas jusqu'à présent le prince, et cela ne se peut qu'avec « la faveur de ses habitants ». L'art militaire ne suffit jamais et la guerre n'est bien que l'un des moyens de la politique – la politique poursuivie par d'autres moyens, dira Clausewitz.

Une deuxième question se pose au prince qui annexe de « nouveaux États ». Il est plus facile d'annexer des États de « même pays et de même langue » et « il est très facile de les conserver surtout s'ils n'ont pas coutume de vivre libres » (p. 112). Ce que soutient indirectement Machiavel, c'est donc que l'unification des « États » de « même pays et même langue » par sa facilité même est une annexion plus légitime – plus légitime par exemple que l'annexion du milanais par Louis XII. Les divers États qui constituent le *regnum italicum* (royaume d'Italie) sont de même pays et de même langue, et donc un prince décidé devrait parvenir à les unifier. Bref, au-delà des communes italiennes et des micro-États, Machiavel dirige son regard vers les princes qui ont réalisé l'unité des grandes nations en Europe, l'exemple typique étant celui de la France (p. 113).

Dans les autres cas, les difficultés se multiplient nécessairement, et conserver ces acquisitions demande beaucoup de chance et une politique méthodique d'occupation, incluant éventuellement la colonisation. En fait, Machiavel laisse entendre qu'il est presque impossible d'annexer des peuples différents sans les écraser : « Les hommes doivent être ou entourés d'amabilités ou détruits : car ils se vengent des offenses légères ; des graves ils ne le peuvent pas ; de sorte que l'offense qu'on leur a faite doit être telle qu'elle ne mérite pas d'être vengée » (p. 114).

Cette réflexion est cependant tournée vers le bilan de la situation italienne après l'invasion française. La pensée politique est celle des conjonctures, « l'analyse concrète des situations concrètes » comme le dirait Lénine. Ainsi, cette remarque à propos des entreprises de Louis XII pour s'emparer du royaume de Naples : « C'est une chose très naturelle et ordinaire que le désir de conquête. Quand les hommes qui le peuvent l'éprouvent, ils sont toujours à louer et non à blâmer ; mais quand ils ne le peuvent pas et veulent le faire de toute manière, là sont l'erreur et le blâme » (p. 116-117). Machiavel ne fait que constater la manière commune dont on juge les événements historiques. Les conquérants qui parviennent à leurs fins et conservent leurs conquêtes sont loués. Depuis longtemps personne ne jette plus l'opprobre sur la conquête de l'Angleterre par un prince normand appartenant à une lignée qui s'était installée de force dans le royaume de France ! En revanche, les livres d'histoire en usage dans les pays d'Europe trouvent que c'est une bonne chose que les Grecs aient repoussé les Perses, que Charles Martel ait enrayé la poussée arabe ou que des chevaliers espagnols assez grossiers aient mis à bas la civilisation arabo-musulmane d'Andalousie. Machiavel, en bon moraliste, au sens du XVIIe siècle français, analyse les mœurs politiques. Ni rire ni pleurer, comprendre.

Les républiques
ont le goût de la liberté

L'histoire des princes anciens donne matière à réflexion plus générale. À propos de l'empire de Darius après la mort d'Alexandre, Machiavel distingue deux sortes de principautés : celles qui s'appuient sur un ordre féodal et des seigneurs féodaux « qui ont un État et des sujets en propre » et ceux qui « sont gouvernés par un prince et ses serviteurs » (p. 118). Ces derniers ont une plus grande autorité que les premiers et c'est pourquoi leurs États sont plus difficiles à conquérir que les États féodaux, mais, une fois conquis, ils sont plus faciles à conserver. Des sujets habitués à la condition d'esclaves sont prompts à l'obéissance, même quand ils ont changé de maîtres. Inversement, la liberté relative du féodalisme avec ses querelles entre barons rend plus difficile une occupation durable du pays. Mais évidemment, c'est dans les républiques que le goût de la liberté est le plus fort et c'est pour cette raison qu'elles sont les plus difficiles à conserver durablement car elles « ont plus de vie, plus de haine, plus de désir de vengeance ; la mémoire de leur ancienne liberté ne les laisse ni ne peut les laisser en paix ; de sorte que la voie la plus sûre est de les détruire ou d'y demeurer » (p. 121).

Ce passage est un avertissement aux Médicis qui ne doivent pas oublier que les Florentins gardent « la mémoire de leur ancienne liberté ». Face aux luttes intestines qui déchirent l'Italie, il s'agit aussi de réfuter à l'avance toute solution qui viendrait d'un prince étranger. Louis XII a échoué. Ni l'empereur ni le roi d'Espagne ne peuvent réussir. Pour conquérir durablement un pays composé de vieilles républiques comme le *regnum italicum*, il faut y résider. Conséquence, ce dont l'Italie a besoin pour l'unifier, c'est d'un prince italien et surtout pas d'être annexée à une principauté déjà établie comme l'a été le royaume de Naples.

Les républiques ont le goût de la liberté

La vertu nécessaire au prince pour triompher

Les principautés nouvelles peuvent s'acquérir de deux manières : ou par sa *virtù* et par ses armes propres, ou par les armes des autres et la fortune. L'opposition semble fondée sur une rigoureuse symétrie et se double immédiatement (chapitres VIII et IX) d'une seconde opposition, celle des principautés établies par les crimes et celles instituées grâce à l'appui du peuple et que Machiavel nomme « principautés civiles ».

Commençons par les principautés étudiées au chapitre VI, celles qui sont acquises par la vertu et par ses armes propres. Premier élément du raisonnement : la *virtù*. Une principauté nouvelle est plus ou moins facile à instaurer ou à conserver suivant que le prince a plus ou moins de *virtù*. On peut traduire *virtù* par

« vaillance », mais on peut garder le terme italien qui doit être compris dans son sens machiavélien, à la fois l'excellence et le courage viril. La *virtù* du prince n'est pas seulement sa vaillance – par exemple sa vaillance au combat, son aptitude à agir sans reculer –, mais c'est aussi son intelligence stratégique et sa capacité à décider sans hésitation ce que les circonstances imposent. Il y a dans la *virtù* une part importante d'intuition : le dirigeant politique doit voir ce qu'il faut faire sans nécessairement s'embarrasser de raisonnements rigoureux qui sont rarement conclusifs dans les affaires humaines et ne font, finalement, que retarder l'heure de l'action. La vertu machiavélienne est donc l'excellence politique, et, si l'on veut savoir en quoi réside l'excellence politique, il est nécessaire d'apprendre de l'histoire ce que furent les princes *virtuosi*. La vertu n'est cependant pas la seule condition nécessaire pour devenir un prince ; on peut aussi bénéficier du concours de la fortune. Néanmoins, dans ce dernier cas, il est plus difficile au prince de conserver sa principauté.

Parmi les princes nouveaux qui ont acquis leur principauté par leur vaillance et par leurs armes propres, on trouve « Moïse, Cyrus, Romulus, Thésée et d'autres semblables » (p. 123). Ces princes ne sont ni des aventuriers, des condottieri, ni des personnages comme César Borgia. Le prince par excellence est un fondateur et un législateur, et, s'il n'est pas à proprement parler un fondateur, il peut être celui qui ramène la cité à ses principes, à ses origines comme Cyrus qui « trouve les Perses mécontents de la domination des Mèdes et les Mèdes amollis et efféminés par une longue paix » (p. 122). Pour ceux-ci, la fortune ne joue pratiquement aucun rôle sinon celui de donner l'occasion au futur prince de montrer sa vertu.

La difficulté principale, celle qui exige justement un maximum de *virtù*, est que le prince doit établir de nouvelles institutions. Or : « Il n'y a pas de chose plus difficile à entreprendre et plus incertaine à réussir, ni plus périlleuse à conduire que de prendre l'initiative pour introduire de nouvelles institutions. Car celui qui les introduit a pour ennemis tous ceux qui profitent des anciennes institutions, et il trouve de tièdes défenseurs en ceux à qui profiteraient de nouvelles. Car cette tiédeur provient pour une part de la crainte des adversaires qui ont les lois pour eux, pour une autre du manque de confiance des hommes, lesquels n'en ont pas vraiment dans les choses nouvelles s'ils n'en voient pas apparaître une solide expérience » (p. 123).

Pour instituer des principautés nouvelles, il faut donc d'une part être une sorte de prophète capable de persuader les hommes de la nécessité d'introduire un nouvel ordre, et d'autre part être armé pour forcer les hommes à continuer de croire dans les sermons. Il faut donc des « prophètes armés », comme l'ont été les princes nommés ci-dessus, car « tous les prophètes armés triomphèrent et les désarmés s'effondrèrent ». Le contre-exemple, celui du prophète désarmé, c'est Savonarole. « De même arriva-t-il à notre époque au frère Savonarole, qui s'effondra dans ses nouvelles institutions, dès que la foule commença à ne plus croire en lui ; et il n'avait pour sa part aucun moyen de tenir assurés ceux qui avaient cru en lui, ni de faire croire les incrédules » (Saint Augustin, *La Cité de Dieu*, Livre I, préambule, traduction Raulx – sur Internet). Les raisons de l'ascension du *fratello* sont celles-là même qui conduisirent à sa chute : il ne dût son pouvoir qu'à ses prophéties, c'est-à-dire à sa capacité de convaincre le peuple, fondement on ne peut plus fragile du pouvoir politique.

César Borgia,
un prince à deux visages

À ces principautés nouvelles fondées sur la vertu et les armes propres du prince, Machiavel oppose maintenant celles qui sont fondées sur la fortune et sur les armes des autres. Il s'agit alors de principautés reposant « sur des choses très changeantes et instables ». Mais ces cas sont très rares : rien, en effet, ne pourrait expliquer qu'un simple particulier devienne prince par hasard. Le chapitre VII bifurque très rapidement vers l'examen des cas plus complexes de ces princes qui doivent leur pouvoir à la fois à la fortune et à leur valeur propre. Les deux cas cités sont celui de Francesco Sforza et celui de César Borgia. Machiavel s'attarde surtout sur ce dernier, qu'il avait rencontré une quinzaine d'années avant d'écrire *Le Prince*, et dont il avait rapporté le caractère et les méthodes à la seigneurie de Florence dans la *Description de la manière employée par le duc de Valentinois pour faire tuer Vitellozzo Vitelli, Oliverotto da Fermo, le seigneur Pagolo et le duc de Grava-Orsini*. Ce texte, purement descriptif, ne porte aucun jugement de valeur sur le duc de Valentinois et ses méthodes expéditives pour se débarrasser de ses alliés. Ici, il faut en tirer des leçons puisque la période pendant laquelle César Borgia a consolidé son pouvoir est « digne d'être connue et d'être imitée par d'autres » (p. 137). Ce chapitre VII est considéré par les anti-machiavéliens comme la preuve formelle que le secrétaire florentin fait l'apologie des pires tyrans. Ainsi Jean Bodin déclare-t-il qu'il faut tenir au rang des « athéistes » ce Machiavel qui « rehausse jusqu'au ciel et met en un parangon de tous les rois le plus déloyal fils de prêtre qui fût onques » (Jean Bodin, préface aux *Six Livres de la République*, 1596, BNF-Gallica).

L'examen, cependant, des propos de Machiavel, ne corrobore pas ce jugement. Dans la *Description*, Machiavel ne mettait en scène que des lâches et des bandits. César Borgia tremble de façon abjecte et les vagues promesses des Florentins suffisent à le réconforter : il n'y a pas beaucoup de *virtù* là-dedans ! Le Valentinois ne fit pas preuve d'une vaillance particulière : « Celui-ci se trouvait à Imola, plein d'effroi, parce que, en un instant et contrairement à toutes ses pensées, ses soldats étaient devenus ses ennemis, il se trouvait avec une guerre toute proche sur les bras et sans armes » (p. 374). Bref, César Borgia n'avait pas prévu le tour des événements et il se trouvait sans armes. Machiavel ajoute que ce sont les propositions des Florentins qui lui permettent de reprendre courage. Autrement dit, la fortune avait voulu que les ennemis des Florentins, notamment les Vitelli, fussent aussi les ennemis du Valentinois. Mais face à cette conjonction aléatoire d'intérêts, de quelle efficacité la vertu du Borgia eût-elle pu être ? Quant aux adversaires de ce prince, ils font preuve d'une rare pusillanimité et se laissent prendre comme des petits enfants dans le piège de Sinagallia que leur avait tendu César Borgia. Si cet épisode servait de modèle au « prince nouveau » que Machiavel appelle évidemment de ses vœux, et si la vertu politique se résumait à cela, il n'y aurait alors guère de raison de s'intéresser à Machiavel et d'en faire un des penseurs politiques modernes dont les innovations ont une importance décisive.

Tenons-nous-en au texte du *Prince* lui-même. César Borgia n'appartient pas à la catégorie des princes vertueux qui ne doivent leur pouvoir qu'à leur vertu et à leurs armes propres, ces princes qui sont des législateurs ou des refondateurs (comme Romulus ou Moïse). Il n'a dû son pouvoir qu'à la fortune de son père et l'a perdu à la mort de son père. Et bien qu'il fût fort vaillant et décidé, ces dispositions ne lui profitèrent pas en raison d'une « extraordinaire et extrême malignité de la fortune » (p. 125). Si la vertu consiste dans la capacité à bousculer la fortune, on voit que, finalement, cette capacité manqua à César Borgia. Il n'est donc pas aussi *virtuoso* que cela !

Le point notable que retrace *Le Prince* n'est d'ailleurs pas le fameux piège de Sinagallia, mais plutôt la phase qui a suivi immédiatement. Le mérite de César Borgia se résume à quelques points. Il a su mettre de l'ordre dans un pays (la Romagne) plein de « brigandages, de dissensions et de toutes espèces

de violence ». Ensuite, il a débarrassé le pays des seigneurs impuissants qui rançonnaient le peuple. Enfin, il s'est montré impitoyable envers son second, Remirro de Orco, un seigneur cruel. Ainsi, il a su se concilier le peuple et, une fois l'ordre assuré, il a rétabli un tribunal civil au centre du pays (p. 122). Les raisons pour lesquelles l'action de Borgia mérite d'être connue et imitée ne sont donc nullement la cruauté, la ruse, ni l'absence de scrupules de ce prince, mais bien les actions qu'il a conduites en ayant pris le pouvoir, actions qui vont toutes dans le sens de l'établissement d'une principauté populaire. Incontestablement, Machiavel est fasciné par l'aptitude du Valentinois à ne pas s'encombrer de scrupules moraux pour atteindre ses fins, mais ce sont ces fins qui restent décisives. Si la fin justifie les moyens, encore faut-il que les fins soient bonnes. Pour Machiavel, un royaume en paix, un peuple qui n'a plus à craindre les exactions des seigneurs, des tribunaux civils et un prince ami du peuple sont là de bonnes fins qui justifient les moyens employés pour y parvenir.

Machiavel constate que l'entreprise s'est vite arrêtée et que l'établissement d'un pouvoir fort n'est pas allé au-delà de la Romagne, car César Borgia a joué de malchance. Son père, le pape Alexandre VI, est mort et lui-même est tombé gravement malade, deux événements qui ont permis à ses ennemis de reprendre les rênes du pays et de l'éliminer. César Borgia avait tout prévu, sauf qu'il se trouverait presque mourant au moment de la mort de son père... Il n'est donc pas un de ces princes fondateurs qui ont su construire une œuvre apte à leur survivre. Il n'est pas responsable de cette accumulation de malchance qui l'a frappé, mais Machiavel ne manquera jamais de lui reprocher d'avoir laissé faire l'élection du cardinal Rovere au pontificat sous le nom de Jules II. Il fit preuve à cette occasion d'un manque de clairvoyance qui est un manque de vertu chez un prince.

César Borgia n'est pas le modèle central du *Prince*, la suite le prouve. Le chapitre VIII s'occupe de « ceux qui sont parvenus à la principauté par le crime ». Il y a en effet encore d'autres façons de parvenir au pouvoir que par la *virtù* ou par la fortune, soit « par quelque voie scélérate et abominable », soit par « la faveur de ses concitoyens ». Un scélérat peut devenir prince, tel Agathocle de Sicile, à la condition toutefois de faire preuve d'une « énergie d'esprit et de corps », c'est-à-dire finalement d'un certain genre de *virtù*... Machiavel constate donc que l'énergie d'esprit et de corps peut servir les plus mauvaises causes. Les philosophes moralistes ont coutume de soutenir que le crime ne peut rendre heureux le criminel et que finalement « le crime ne paie pas ». Réaliste, Machiavel soutient au contraire que souvent le crime paie : « L'on pourrait se demander d'où il provient qu'Agathocle et quelqu'un de ses pareils, après d'infinies trahisons et cruautés, put vivre longtemps en sécurité dans sa patrie et se défendre de ses ennemis extérieurs, et que jamais parmi ses concitoyens on ne complota contre lui, alors que nombre d'autres n'ont pu par la cruauté maintenir leur pouvoir même en temps de paix, pour ne pas parler des temps incertains de la guerre » (p. 132). À cette question, une réponse de bon sens pour qui étudie l'histoire : il y a deux usages de la cruauté, un bon et un mauvais. Celui qui doit prendre le pouvoir par des moyens abominables doit calculer son affaire de telle sorte qu'il puisse

commettre tous les crimes nécessaires à sa domination au début de son gouvernement, pour ne pas avoir à les renouveler chaque jour, et puisse au contraire prodiguer des bienfaits à ses sujets. En revanche, celui qui est contraint d'user de la violence continûment ne pourra jamais établir une domination stable.

La cruauté est un mal nécessaire

Ce chapitre VIII semble légitimer l'usage de moyens abominables pour conquérir le pouvoir. L'affaire mérite cependant d'être analysée un peu plus précisément. Tout d'abord, Machiavel admet que les violences, y compris les violences les plus cruelles, peuvent être utilisées pour prendre le pouvoir, mais elles ne peuvent permettre de l'exercer durablement. Au prince ayant acquis sa principauté par ces moyens, seuls les bienfaits et la paix civile lui permettent de durer. L'ambitieux qui veut le pouvoir pour le pouvoir et est prêt à tout pour y parvenir doit en même temps être rationnel ; il lui faudra être « à temps pour le bien et pour le mal ». Autrement dit, l'exercice gratuit de la cruauté dans la domination politique n'est pas seulement un crime, c'est aussi une sottise !

Comme les hommes sont généralement méchants, alors les hommes qui veulent exercer le pouvoir sont méchants eux aussi et sans doute plus portés que les hommes ordinaires à user de moyens « scélérats ». On ne peut pas espérer des hommes de pouvoir – pas plus que des autres – qu'ils guident leur vie selon les principes chrétiens de l'amour du prochain et du pardon des offenses. On peut seulement espérer qu'ils useront suffisamment de leur raison pour limiter, dans leur propre intérêt, l'usage de la violence sans loi. Machiavel ne dit rien d'autre et ne prétend surtout pas transformer la nature humaine, fût-ce celle des futurs princes. Le prétendu cynisme machiavélien est bien supérieur aux douces illusions du « despotisme éclairé » que partageront très largement les philosophes des Lumières, Rousseau excepté. Machiavel présente les tyrans comme ils sont et ne croit pas une minute qu'ils puissent devenir des tyrans « à visage humain ». La distance qui sépare le monarque honoré du scélérat s'est singulièrement rétrécie. Ce qui ne sera pas pardonné à Machiavel.

Quand Machiavel parle des crimes de tel ou tel personnage, il ne s'agit pas de la conduite privée des individus, mais bien de leur action politique. Encore une fois, constatons que l'histoire fournit de nombreux exemples de conquérants parvenus au pouvoir par des moyens violents, y compris l'assassinat. Mais le jugement que porte l'histoire ne tient que très rarement compte des moyens et beaucoup plus du résultat. Machiavel dit les choses ouvertement et en paroles claires. Dans l'histoire de France, les rois qui ont constitué l'unité nationale de ce royaume fait de populations si diverses n'ont jamais reculé devant les moyens à employer. Louis XI s'est maintenu « dans ses états » par toutes sortes de crimes et de moyens abominables. Même le « bon roi » Henri IV n'a jamais reculé devant la dissimulation ou les actions énergiques quand elles étaient nécessaires : il pourrait être un exemple intéressant de prince machiavélien. Il est curieux de voir que les mêmes personnes qui louent l'action de ces grands rois manifestent une aversion sans nuance pour Machiavel.

Si César Borgia est cité positivement en plusieurs endroits du *Prince,* ce n'est pas parce qu'il a été un grand criminel mais parce qu'il a su employer les moyens nécessaires pour rétablir l'ordre dans les États pontificaux et qu'il avait entrepris de rassembler des principautés et des républiques divisées en vue d'en faire un État puissant. Borgia a eu de la chance, les armes de son père, de la *virtù* et un manque de scrupules qui l'ont servi. Conclusion : il n'est pas le « prince nouveau » dont l'Italie a besoin. Et par conséquent, c'est une erreur de perspective ou un manque d'attention à la lecture de l'œuvre qui ont conduit certains commentateurs à faire du *Prince* la théorie de la pratique de César Borgia. Machiavel n'est pas l'apologiste du crime ni celui du prince criminel.

Le chapitre IX montre d'ailleurs qu'il y a une autre façon de devenir prince : « par la faveur de ses concitoyens ». Dans ce dernier cas, il n'est besoin ni d'une vertu exceptionnelle ni d'une « totale fortune ». Il suffit de savoir profiter des occasions qu'offrent les conflits entre le peuple qui « désire n'être ni commandé ni opprimé par les grands » et les grands qui « désirent commander et opprimer le peuple ». Il y a donc deux sortes de principautés nées avec la faveur des citoyens : celles qui naissent de la faveur des grands et celles qui naissent de la faveur du peuple. Les premières sont les plus difficiles à conserver car ceux qui ont fait le prince se croient aussi ses égaux, alors que la principauté populaire se conserve plus facilement puisque pratiquement personne du parti populaire ne se croit l'égal du prince et que « les buts du peuple sont plus honnêtes que ceux des grands » (p. 133).

Grandes constantes de la pensée machiavélienne : toutes choses égales par ailleurs, le peuple vaut mieux que les grands et, qu'il s'agisse de républiques ou de gouvernements monarchiques, il est toujours préférable de s'appuyer sur le peuple. C'est pourquoi Machiavel, défenseur de la liberté, préfère la monarchie absolue au système féodal reposant sur un partage du pouvoir entre le roi, « *primus inter pares* » (premier parmi les pairs), et les grands féodaux.

Entre deux maux, choisir le moindre

La question qui revient en permanence est de savoir si un prince dispose des moyens de se défendre lui-même ou s'il doit compter sur le secours d'autrui. Il s'agit d'une question essentielle puisqu'en elle se joue la liberté de la cité ou de la nation. La question de la défense se pose sur deux registres : le premier, technique, est celui des fortifications et autres moyens matériels qui permettent de résister aux entreprises des autres nations. Ainsi, parlant des villes allemandes qui sont bien défendues, il remarque qu'elles sont « tout à fait libres ». Le second registre est politique. Il ne suffit pas pour un prince d'avoir une ville solide, encore faut-il qu'il ne se fasse pas haïr. Il faut que le prince soit courageux, mais aussi qu'il soit sage, c'est-à-dire capable de s'attacher l'affection de son peuple.

Quelle politique doit suivre un prince s'il veut conserver son pouvoir ? Machiavel commence par régler le problème des principautés ecclésiastiques. Celles-ci ne forment pas un genre de principautés différent de celles que l'on a vues dans les chapitres précédents. On les acquiert comme les autres, soit par la *virtù*, soit par la fortune. Mais elles ont la particularité que ni la *virtù* ni la fortune ne sont absolument nécessaires pour les conserver. « Car elles sont soutenues par les institutions vieillies dans la religion, lesquelles ont été si puissantes et de telle qualité qu'elles maintiennent leurs princes en place, quelle que soit la manière dont ils se comportent et vivent. Ceux-là seuls ont des États et ne le défendent pas, des sujets et ne les gouvernent pas : leurs États, bien que non défendus, ne leurs sont pas enlevés ; leurs sujets, bien que non gouvernés, ne s'en soucient pas et ne pensent ni ne peuvent se débarrasser d'eux » (p. 137).

Machiavel a évidemment en tête un exemple de principauté de ce genre, les États du pape. L'analyse est ici très ambiguë. D'un côté, il laisse entendre que la cause qui fait ces principautés « sûres et heureuses » est à chercher dans le fait qu'elles sont « régies par des causes supérieures » : leur caractère religieux en fait des exceptions dont il faudrait être bien « téméraire » pour parler. Donc elles n'entrent pas dans la problématique de l'ouvrage *De principatibus*. Cependant, immédiatement après, l'auteur fait remarquer que la puissance des États du pape est restée très longtemps chétive, les autres puissances italiennes s'arrangeant pour la maintenir dans une relative impuissance. C'est seulement avec Alexandre VI puis Jules II que la papauté est devenue assez puissante pour tenir tête aux puissances européennes. Or, ce n'est pas avec l'aide de Dieu, mais « avec l'argent et la force » qu'Alexandre VI a conquis cette puissance que l'impétueux Jules II a perfectionnée. Les États du pape se maintiennent-ils par la force ou par leur caractère religieux ? La question reste ouverte.

Machiavel se contente apparemment d'une typologie des principautés sans porter de jugements de valeur. Après tout, il y a des scélérats vaillants qui deviennent princes. Mais implicitement, il ordonne ces divers types de principautés en vue de dégager celles qui sont à même de remplir la tâche énoncée au chapitre XXVI : libérer l'Italie. Les distinctions classiques entre gouvernement juste et gouvernement injuste ou formes pures et formes corrompues sont mises hors-jeu, comme sont mises hors-jeu les oppositions entre droit et violence. Le critère ultime est donné dans les *Discours* : « On ne doit pas en effet condamner celui qui use de la violence pour restaurer les choses, mais celui qui en use pour détruire » (p. 209).

L'exemple de César Borgia, si extrême, si discutable, si abominable même, permet précisément de bien saisir où se situe la ligne de partage. Quant aux républiques, évidemment, Machiavel leur accorde sa préférence – et parmi les principautés, il montre que les meilleures sont justement celles qui sont le plus proches d'une république –, mais, dans la conjoncture du *Prince*, il n'y a plus de république en Italie, toutes sont corrompues (y compris sa chère Florence qui vient de se livrer aux Médicis), et c'est à l'urgence qu'il faut faire face.

Seuls les « prophètes armés » peuvent triompher

La question militaire ne peut être séparée de celle des institutions politiques. Pour que se maintienne un État, il faut de « bonnes lois et de bonnes armes », « parce qu'il ne peut y avoir de bonnes lois là où il n'y a pas de bonnes armes et que là où il y a de bonnes armes, il faut qu'il y ait de bonnes lois » (p. 139).

Le lien entre lois et armes est si indissoluble que Machiavel s'abstient de parler des lois pour se concentrer sur la question des armes. La formulation de ce rapport entre armes et lois n'est cependant pas complètement claire. La première partie se comprend aisément : s'il n'y a pas de bonnes armes, c'est que les lois n'ont pas pourvu à la défense de l'État et, par conséquent, les lois ne sont pas bonnes. Mais la seconde partie de la phrase n'est pas symétrique de la première. Là où il y a de bonnes armes, « il faut » qu'il y ait de bonnes lois. Il se pourrait donc qu'un État ait de mauvaises lois tout en étant bien pourvu pour sa défense. Machiavel laisse cette question dans l'ombre. On doit supposer que la défense de la cité étant celle de la liberté de l'État, cela implique que l'État lui-même, dans sa constitution interne, garantisse la liberté des citoyens afin de mériter d'être défendu. Remarquons encore une fois qu'il faut que les principautés aient de bonnes lois, et cela distingue un prince d'un tyran.

Les armes du prince doivent être « les siennes propres », car « les mercenaires et auxiliaires » sont inutiles et dangereuses. Le réquisitoire contre les armées mercenaires est sans nuance. « Car elles sont désunies, ambitieuses, sans discipline, déloyales : vaillantes au milieu des amis, lâches au milieu des ennemis ; sans crainte de Dieu et sans foi avec les hommes ; et l'on ne diffère sa chute que tant que l'on diffère l'assaut ; durant la paix vous êtes dépouillés par elles, durant la guerre par les ennemis » (p. 139).

Machiavel parle d'expérience, celle de chancelier de la seigneurie qui, dès ses débuts, réclame la constitution d'armes propres pour Florence, celle de commissaire aux armées, pendant le siège de Pise, celle d'organisateur de la milice et celle de provéditeur aux remparts. Celle du patriote italien aussi qui a vu Charles VIII « prendre l'Italie avec sa craie » (p. 140). L'histoire ancienne confirme cette expérience : Rome et Sparte restèrent libres tant qu'elles furent armées. L'exemple de Rome permet de comprendre le sens que Machiavel donne au rapport entre de bonnes armes et de bonnes lois. Les citoyens de la république sont libres parce qu'ils se défendent eux-mêmes et n'ont pas d'armée de métier. C'est aussi pour cette raison qu'ils sont des citoyens libres à l'intérieur de la république : les « grands » ne peuvent agir sans l'accord de ceux qui constituent la force armée de la cité, ainsi que l'a montré avec force l'épisode de cette véritable « grève aux armées » que fut la sécession de la plèbe romaine sur le mont Aventin. Inversement, à l'époque impériale, les Romains confient leur défense à d'autres, notamment à des armées composées des peuples que Rome a asservis, le citoyen romain se contentant de dilapider les richesses que lui procurent les conquêtes. Mais, ce faisant, le peuple a perdu progressivement sa propre liberté pour tomber sous la domination des armées censées le défendre.

Ce qui vaut pour les armées mercenaires s'applique tout autant aux armées auxiliaires. L'exemple de César Borgia vient confirmer ce jugement d'ensemble. Borgia commença sa conquête de la Romagne avec des armées auxiliaires, puis prit des mercenaires à son service et finalement construisit sa propre armée et « jamais il ne fut fort estimé, sinon lorsque chacun vit qu'il avait l'entière possession de ses armes » (p. 144). Conclusion plus générale : « Bref, les armes d'autrui ou bien vous tombent des épaules, ou bien vous pèsent, ou bien vous serrent » (p. 145).

C'est pourquoi la guerre, les institutions et la discipline militaires constituent le métier propre du prince. C'est le « seul métier qui convienne à qui commande ». Or le métier du commandement demande une formation intellectuelle pratique. Il requiert la connaissance de la géographie – la géographie, ça sert à faire la guerre, dira Yves Lacoste – et de l'histoire dont la méditation constitue l'enseignement élémentaire du métier de prince. Mais c'est surtout d'une formation morale, c'est-à-dire de l'apprentissage de la conduite à tenir pour acquérir et conserver son pouvoir, que le prince a le plus grand besoin.

Il ne faut pas confondre vertu morale et vertu politique

Passons à l'examen des chapitres les plus « sulfureux » du *Prince*, ceux où le prétendu immoralisme de Machiavel se donnerait libre cours, ceux dans lesquels la séparation entre morale et politique est poussée à son point suprême. Mais pour comprendre l'importance de ce qui suit, il est nécessaire de se placer sur le bon terrain. L'action politique et la morale ne font pas bon ménage, on le sait assez, et Machiavel n'innoverait guère. Mais sa force ou son caractère intolérable est précisément de ne pas camoufler le conflit, de ne pas tenter de le résoudre par des moyens purement verbaux. Évoquant les moyens radicaux que doit employer tout prince nouvellement établi, Machiavel, dans les *Discours*, conclut : « Ce sont là des moyens très cruels et contraires à toutes les règles de vie, non seulement chrétiennes mais humaines ; tout homme doit les fuir et préférer la condition de simple particulier à celle de roi, au prix de la destruction de tant d'hommes. Néanmoins, quiconque a écarté la voie du bien, doit suivre celle du mal pour se maintenir. Mais la plupart des hommes choisissent certaines voies moyennes qui sont les pires de toutes, parce qu'ils ne savent pas être ni tout à fait bons, ni tout à fait méchants [...] » (p. 238).

Parlant de la capitulation du seigneur de Pérouse, Giovanpagolo, face à Jules II, Machiavel fait remarquer que, faute de pouvoir être parfaitement bon, il faut savoir être honorablement méchant. Pas un historien sérieux, pas un homme politique honnête ne pourrait contredire Machiavel sur ce point. L'originalité de Machiavel ne se trouve certainement pas dans la distinction à faire entre morale et politique ni dans le fait d'admettre que l'exercice du pouvoir nécessite l'emploi de moyens extraordinaires que la morale de tous les jours réprouve. Que les princes ne soient pas soumis à la loi commune, c'est une banalité dans une société aussi hiérarchisée que l'est la société médiévale. Les lecteurs d'Augustin savent d'ailleurs que les mauvais princes ne sont que l'instrument de Dieu qui nous persuade ainsi que la vie terrestre est misérable et sans espoir. En se focalisant sur le moralisme ou l'immoralisme de Machiavel, on se trompe radicalement. Machiavel n'est pas un bigot – c'est le moins que l'on puisse dire... Pour autant, on ne trouve chez lui aucune charge systématique contre la morale en général et contre la morale chrétienne en particulier. Bien au contraire, les valeurs morales font partie des composantes nécessaires de ces vertus civiques qui permettent le *vivere civile* (vie civile) dont la disparition (dans la licence) signe la corruption du peuple et annonce ruine de l'État. L'action politique elle-même n'est pas dépourvue de valeurs. La fin justifie les moyens, mais encore faut-il que la fin soit louable, et la fin louable par excellence est l'ordre politique, qui permet de vivre en paix.

Comprendre la spécificité du *Prince* demande qu'on lise précisément le chapitre XV. Le propos est clairement indiqué : « Mon intention étant d'écrire des choses utiles à qui les écoute, il m'a semblé plus pertinent de suivre la vérité effective des choses que l'idée qu'on s'en fait » (p. 148). Si l'on parle du pouvoir politique, il y a donc deux plans : la « vérité effective » et l'imagination. Donc, premier objectif de l'opuscule : démonter les procédés de l'imagination pour en venir à la *verità effettuale della cosa* (vérité effective de la chose). Rappelons la dédicace : elle annonce qu'il s'agit de regarder les princes du point de vue du peuple car « pour bien connaître la nature du peuple, il faut être prince, et, pour bien connaître celle des princes, il faut être du peuple » (p. 110). La conjonction de cette dédicace et du chapitre XV semble donner raison au jugement de Rousseau cité plus haut : « En feignant de donner des leçons aux rois il en a donné de grandes aux peuples. *Le Prince* de Machiavel est le livre des républicains. »

S'en tenir là, ce serait interpréter Machiavel comme le premier grand démystificateur, une interprétation possible mais vraiment trop unilatérale. Car Machiavel veut réfléchir aux conditions dans lesquelles un gouvernement stable peut être établi, et donc il s'agit de penser les montages du pouvoir. En effet : « Nombreux sont ceux qui se sont imaginé des républiques et des principautés dont l'on n'a jamais vu ni su qu'elles aient vraiment existé. Car il y a si loin entre la manière dont on vit et celle dont on devrait vivre, que celui qui laisse ce que l'on fait pour ce que l'on devrait faire, apprend plutôt à se perdre qu'à se préserver : car un homme qui veut en tous les domaines faire profession de bonté, il faut qu'il s'écroule au milieu de gens qui ne sont pas bons » (p. 148). Le démystificateur dénonce : le pouvoir se veut moral et son moralisme n'est que le masque hypocrite de la cruauté et de la *libido dominandi* (désir de dominer), et donc il faut soit dénoncer tout pouvoir comme immoral, soit vouloir un pouvoir fondé sur la loi divine comme le voulait ce « prophète désarmé », le frère Savonarole. Mais ce n'est pas le propos de Machiavel. L'absence de gouvernement est impensable : les gouvernements sont des institutions humaines dont les hommes ont naturellement besoin pour se protéger. En outre, un prince bon au milieu d'hommes mauvais est condamné à s'écrouler. Il faut donc un pouvoir capable d'ordonner la cité, et capable selon les circonstances d'employer des moyens bons moralement ou mauvais moralement.

Et pour cela il faut partir des « choses vraies » et non des choses imaginées.

Partir des choses vraies, c'est comprendre comment fonctionnent les rapports entre gouvernants et gouvernés, ou, si l'on préfère, rester plus strictement dans le cadre de « l'opuscule », des rapports entre le prince et ses sujets. Or Machiavel met au premier rang de ces rapports le jugement que les sujets portent sur le prince : « Les princes, parce qu'ils sont plus hauts placés, sont jugés en fonction des qualités qui leur apportent blâme ou louange. C'est-à-dire que l'un est jugé libéral, l'autre ladre […], l'un est jugé généreux, l'autre rapace, l'un cruel, l'autre miséricordieux […] » (p. 148).

La longue énumération des vices et des vertus débouche sur un triple constat :

1. On aimerait bien qu'un prince ait de toutes ces qualités que l'on juge bonnes, mais c'est impossible qu'un homme les ait toutes ; et du reste, s'il les avait toutes, il s'écroulerait, homme parfaitement bon au milieu d'hommes généralement mauvais.

2. De toute façon, un prince, pour gouverner, ne saurait toutes les observer ; il y a des vices néces-saires pour exercer le pouvoir.

3. Néanmoins, le prince doit se préoccuper de sa renommée qui est son principal atout pour gouverner.

Dévoilement du secret et de la « double pensée », c'est ce qui guide l'examen des vertus qui font la renommée du prince. Ainsi, « il est bon d'être tenu pour généreux », mais Machiavel ajoute immédiatement : « Néanmoins, la libéralité pratiquée au point d'en avoir la réputation, vous nuit ; car si on la pratique vertueusement et comme on doit la pratiquer, elle n'est pas connue et vous ne perdez pas le mauvais renom de son contraire » (p. 149). En effet, la vertu ostentatoire n'est pas la vertu. La charité qui se montre n'est pas charitable, mais pure vanité (opération de communication, dirions-nous aujourd'hui !) et donc l'homme bon est celui qui pratique la libéralité sans le montrer, alors que le prince doit au contraire le montrer et donc, même s'il pratique réellement la libéralité, ce n'est déjà plus une vertu méritoire. Mais, il y a plus : la pratique de la libéralité peut aussi être nuisible parce qu'elle doit toujours rencontrer ses limites et, donnant des bornes à sa libéralité, le prince encourt le nom de ladre. Finalement, « un prince doit donc, s'il est sage, ne pas se soucier du nom de ladre » (p. 150). Enfin, être ladre pour un prince, ce n'est pas la même chose que pour un particulier. Le prince doit faire peu de cas d'encourir le reproche de ladrerie, car il n'est pas avare de son propre argent mais de l'argent public et, par conséquent, il est ainsi soucieux de n'avoir pas à voler ses sujets. Et si ce reproche de ladrerie est en lui-même un mal, il n'est qu'un moindre mal. En effet, le prince trop libéral finit généralement par vider les caisses et se trouve contraint de trouver de l'argent par tous les moyens : « Parmi toutes les choses dont un prince doit se garder, il y a le fait d'être méprisable et odieux : la libéralité vous conduit à l'une et à l'autre de ces choses. Aussi est-il plus sage de garder le nom de ladre, qui engendre un mauvais renom dépourvu de haine, que d'être contraint, pour vouloir être généreux, d'encourir le nom de rapace, qui engendre un mauvais renom accompagné de haine » (p. 150-151).

Inversion complète des valeurs : ce qui est vertu chez une personne privée (la générosité) devient un vice en devenant public, et inversement, le vice du ladre en tant que personne privée est une vertu publique. Il n'y a pas trace dans ce chapitre du prétendu « immoralisme » machiavélien. Les exigences du bien public déterminent d'autres comportements que ceux du salut des personnes privées. Mais si la moralité d'une action ou d'un comportement dépend de la valeur des fins qu'elle permet d'atteindre, on voit qu'il est tout aussi moral pour un privé d'être généreux que pour un prince de ne pas l'être ! Et dans ce premier cas, il n'y a rien de ce « renversement des valeurs morales » dont on accuse ou crédite si souvent le secrétaire florentin.

Le même raisonnement est repris quand il s'agit de savoir s'il vaut mieux pour un prince être aimé que craint. La bonne réputation demanderait au prince d'être miséricordieux : « Néanmoins, il doit prendre garde de ne pas faire un mauvais usage de la pitié. César Borgia était jugé cruel ; néanmoins sa cruauté avait restauré la Romagne, l'avait unifiée, l'avait ramenée en paix et en confiance. Ce en quoi, si l'on considère bien, on verra qu'il a été beaucoup plus miséricordieux que le peuple florentin qui pour fuir le nom de cruel laissa détruire Pistoia » (p. 151).

Le politique n'est pas un moraliste en chambre qui préconise des règles abstraites, sans considération de leurs conséquences. Machiavel au contraire définit la morale par le calcul des conséquences. Au total, affirme-t-il, la cruauté du Valentinois causa moins de malheurs et apporta plus d'heureuses réformes que la pitié des Florentins. Encore une fois, pas d'immoralisme, mais bien un certain genre de raisonnement moral. Qui est le plus moral, celui qui refuse de porter les armes contre le tyran au nom du précepte biblique ou celui qui risque sa vie et sauve ainsi des innocents ? Celui qui refuse toute violence ou celui qui, au besoin par la violence, protège la paix et la sécurité ? Conséquence : le prince nouveau ne doit pas « fuir le nom de cruel ». Mais Machiavel ajoute : « Néanmoins, le prince doit être pondéré dans ses opinions et ses décisions et ne pas s'effrayer lui-même et procéder d'une manière tempérée par la sagesse et l'humanité, afin qu'une excessive confiance ne le rende pas imprudent et que trop de défiance ne le rende pas insupportable » (p. 151).

Voilà presque une morale du « juste milieu ». Il faut encore qu'elle s'accorde avec les nécessités du pouvoir. L'idéal serait de tenir la balance égale entre l'humanité et la capacité à prendre des décisions cruelles. Mais cet idéal est sans doute hors de portée, car les hommes « sont généralement ingrats, changeants, simulateurs et dissimulateurs, lâches devant les dangers, avides de profits » (p. 152). Pour cette raison, on ne peut guère espérer obtenir l'obéissance par l'amour, et donc il vaut mieux être craint en se gardant de transformer cette crainte en haine.

Chez Machiavel, la raison n'est que très rarement agissante et ses forces propres sont impuissantes à gouverner les hommes. Les hommes sont plutôt gouvernés par leurs passions et, par conséquent, les préceptes que doit suivre qui veut gouverner sont à rechercher dans l'équilibre des « humeurs ». Les vertus prêtées au prince n'ont d'importance que par l'effet qu'elles produisent sur l'imagination des sujets. La cruauté provoque la crainte, c'est-à-dire, pour parler comme Spinoza, une « tristesse » liée à l'imagination inconstante d'une chose douteuse. Cette ambivalence est au cœur de la réflexion machiavélienne. Le prince, les gouvernants en général, doivent inspirer la crainte aux masses mais doivent agir pour éviter d'avoir à craindre leur haine.

Moitié homme, moitié bête

Dans la mythologie grecque, le centaure Chiron, mi-homme, mi-cheval, est l'enseignant par essence. Il a pour disciple Asclépios, le dieu de la médecine, mais aussi Achille à qui il a enseigné la musique, la médecine aussi bien que les arts de la guerre. C'est bien auprès de Chiron que le prince nouveau devra s'instruire puisque de la médecine il devra connaître, ainsi que nous venons de le voir, l'art de réguler les humeurs autant que l'art de la guerre. Machiavel fait du mythe de Chiron un usage très particulier : le prince doit être comme Chiron, moitié homme et moitié bête. En effet, il y a, dit Machiavel, deux manières de combattre : « L'une avec les lois, l'autre avec la force ; la première est propre à l'homme, la deuxième aux bêtes » (p. 153). Or, pour gouverner les hommes, la première manière ne suffit pas, et donc « un prince doit savoir user de l'homme et de la bête ». Mais la bête ici est encore un animal double : le prince doit user du lion et du renard, « car le lion ne se défend pas des pièges et le renard ne se défend pas des loups » (p. 154). La raison (les lois) ne suffit pas à gouverner – cela a été assez dit –, mais la force non plus. Il faut y ajouter la ruse pour se déjouer des pièges, et c'est pourquoi, en bon renard, le prince doit être apte à tromper : « Par conséquent un souverain sage ne peut ni ne doit observer sa parole lorsqu'un tel comportement risque de se retourner contre lui et qu'ont disparu les raisons qui la firent engager » (p. 154).

Affirmation à compter au nombre de celles qui ont tant fait pour construire la mauvaise réputation de l'auteur du *Prince*. Affirmation de simple bon sens et que l'expérience historique vient confirmer. On pourrait donner « une infinité d'exemples modernes ». Aucune grande puissance ne s'est construite sans faire du précepte machiavélien sa règle d'or. Et il n'est pas besoin de remonter à Alexandre Borgia pour cela… Il n'est aucun héros des historiographies nationales qui n'ait fait montre de ses qualités de renard et

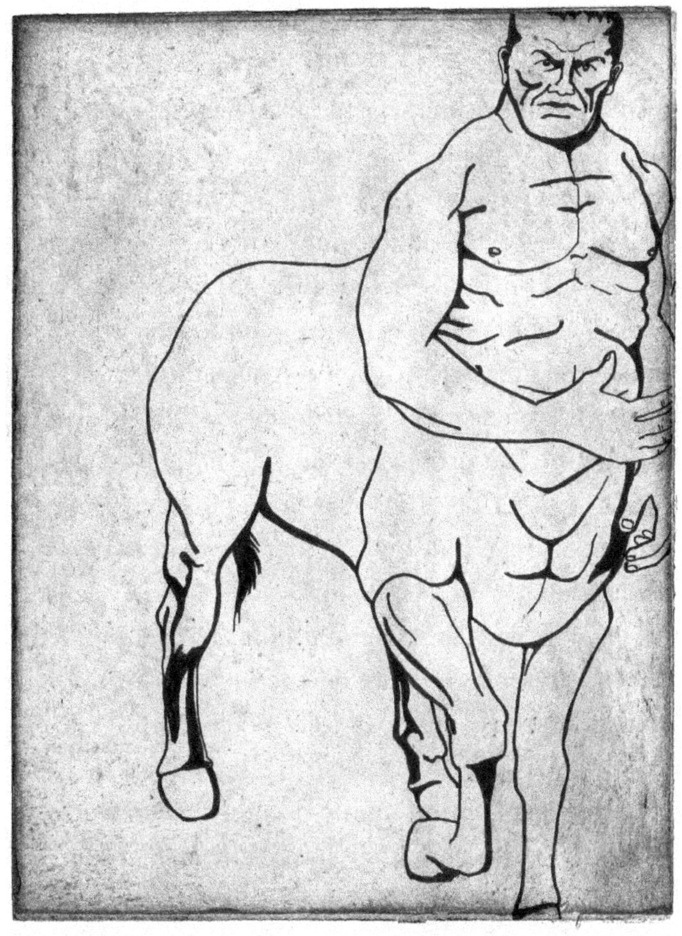

aucun aussi qui ait négligé le conseil suivant : « Mais il est nécessaire de savoir bien farder cette nature et d'être simulateur et dissimulateur : les hommes sont si simples et obéissent si bien aux nécessités présentes que celui qui trompe trouvera toujours quelqu'un qui se laissera tromper » (p. 154).

Dans cette tâche de simulation et de dissimulation, les princes trouvent généralement l'aide plus ou moins bénévole des moralistes et autres propagandistes fort aptes à déguiser les renards en lions. On remarquera tout de même un glissement intéressant : le prince est tenu de ne pas se laisser empêtrer dans les filets des préceptes de la morale ordinaire parce que les hommes sont simulateurs et dissimulateurs (p. 152). Mais maintenant, ce sont les princes qui sont simulateurs et dissimulateurs et trouvent en face d'eux des hommes assez simples pour vouloir être trompés ! La méchanceté générale n'est donc pas si grande qu'elle ne puisse être contenue par l'action habile d'un prince *virtuoso*.

Machiavel ne soutient pas cette conception qui fait de l'homme un loup pour l'homme. Le prince-lion doit savoir combattre les loups, mais les loups ne sont pas tous les hommes : beaucoup sont « simples » et surtout préoccupés des nécessités quotidiennes. Les loups dont le prince doit se garder sont plus certainement les « grands » qui sont prêts à prendre sa place, avec qui il doit passer des accords mais dont il ne doit jamais être prisonnier.

Au prince, Chiron ne doit pas seulement enseigner les arts de la guerre, la musique et la médecine. Les arts du théâtre ont une place sans doute encore plus grande. Se déguiser, donner le change, apparaître, tantôt sous la fourrure du lion, tantôt sous celle du renard, voilà les techniques proprement princières. Machiavel tient ainsi la politique d'abord pour une mise en scène qui a pour but de fasciner suffisamment la multitude pour lui faire admettre l'obéissance. Et c'est seulement parce qu'il connaît cet art de la mise en scène que le prince peut suivre le précepte machiavélien : « Pour un prince, donc, il n'est pas nécessaire d'avoir en fait toutes les vertus susdites mais il est tout à fait nécessaire de paraître les avoir. J'oserai même dire ceci : si on les a et qu'on les observe toujours, elles sont néfastes ; si on paraît les avoir elles sont utiles » (p. 154).

Mesurons encore la méprise de ceux qui font de la discussion sur l'immoralisme de l'auteur du *Prince* la question centrale. Avec ce style coupant comme un rasoir, il s'agit de démonter la machine du pouvoir — la machine comme une machinerie de théâtre — en vue d'en reconstruire une autre alors même que l'ancienne gît fracassée dans les désastres de la *povera Italia*.

Soigner les apparences :
l'art de gouverner est un art
de la communication

L'immoralisme supposé de Machiavel n'est en réalité que l'absence d'une morale transcendante qui s'élèverait au-dessus des contingences de l'existence humaine. Il y a une morale machiavélienne que l'on a eu du mal à percevoir parce qu'elle ne se réfère pas au souci que chacun doit avoir de son âme, mais uniquement aux conditions pratiques de la vie commune dans un État bien ordonné. Pour le prince, donc, il ne s'agit ni d'être bon ni d'être méchant mais de gouverner de manière à maintenir l'ordre de l'État, c'est-à-dire à durer. Et pour cela, il faut « pouvoir et savoir changer du tout au tout ». Et donc le prince doit « ne pas s'écarter du bien s'il peut mais savoir entrer dans le mal y étant contraint ». L'essentiel cependant est dans la capacité de maintenir les apparences : « Un prince doit donc avoir grand soin que ne lui sorte jamais de la bouche une chose qui ne soit pleine des cinq qualités nommées ci-dessus et de paraître à le voir et à l'entendre, toute miséricorde, toute bonne foi, toute droiture, toute humanité, toute religion. Et il n'est pas chose plus nécessaire à paraître que cette dernière qualité » (p. 155).

Ces apparences permettent de gouverner le grand nombre. En ce domaine, les moyens sont toujours jugés sur la réussite et il faut évidemment se garder de juger les dirigeants politiques sur leurs professions de foi : « Certain prince du temps présent qu'il n'est pas bon de nommer ne prêche jamais rien d'autre que la paix et la bonne foi et il est le plus grand ennemi de l'une et de l'autre ; l'une et l'autre, s'il les avait observées, lui auraient plusieurs fois ôté son crédit et son pouvoir » (p. 155). On voit clairement qu'il est impossible de gouverner par la seule violence. Il y faut aussi ce que l'on pourrait appeler « l'idéologie », c'est-à-dire la possibilité de faire prendre les apparences flatteuses pour la réalité. Mais c'est précisément en ce point que s'opère un retournement intéressant. Machiavel n'a que faire des intentions du prince nouveau. C'est dans les bons sentiments que l'on fait de la mauvaise politique. Mais le souci de ménager les apparences – ces apparences qui sont la réalité du pouvoir – détermine un certain nombre de comportements politiques qui s'imposent à tout prince désireux de conquérir et de conserver le pouvoir. Ainsi, il lui faut « fuir le mépris et la haine ». Logique redoutable de l'apparence : si le prince ne peut gouverner que parce qu'il « trouvera toujours quelqu'un qui se laisse tromper », s'il gouverne donc en se jouant de l'imagination des sujets, c'est, inversement, le regard de ces mêmes sujets qui devient la force de réaction principale. Ce regard des sujets devient la loi du prince. Et donc, après avoir admis que le prince puisse user du mal pour parvenir à ses fins, pour ces mêmes fins Machiavel définit des règles impératives dont le respect strict évitera au prince de se rendre odieux ou méprisable. Le prince peut bien être ladre, mais il ne peut être rapace, c'est-à-dire « usurper le bien et les femmes de ses sujets ». L'honneur et la propriété sont donc des biens inaliénables des sujets. Ceux qui accusent Machiavel d'être une sorte d'inventeur du totalitarisme auraient dû méditer ce passage, d'autant plus intéressant que cette clause définit en creux des « droits » du sujet que tout pouvoir politique doit respecter, sous peine d'être odieux et de mériter ce qui arrive aux gouvernements odieux. On pourrait penser ici à Locke qui affirme que le pouvoir politique peut disposer de la vie des citoyens quand il s'agit de la guerre, mais non de leur propriété. Le prince doit aussi fuir le mépris, qui est engendré par la faiblesse, la pusillanimité, l'incapacité à conduire résolument les actions décidées, etc. Machiavel réclame quelque chose que toute personne qui réfléchit sérieusement à la politique exigera : que l'orientation politique et les décisions du pouvoir soient toujours exprimées clairement, et conduites rigoureusement. Courage, gravité, fermeté, voilà ce dont le prince nouveau doit faire preuve. Comme on le voit, le vocabulaire de la morale, qui avait été réduit à une apparence – il est plus utile de faire montre des vertus que de les posséder réellement –, fait un retour en force dans ces derniers chapitres du *Prince*.

Ces vertus morales sont mises au service d'une stratégie politique : avoir de bonnes armes pour avoir de bons amis. Machiavel mène une assez longue discussion sur les conspirations qui se termine ainsi : « Je conclus donc qu'un prince doit tenir peu compte des conjurations si le peuple lui est affectionné ; mais s'il lui est hostile et l'a en haine, il doit craindre tout et tout le monde. Les États bien ordonnés et les princes sages ont soigneusement pensé à ne pas pousser les grands au désespoir, à satisfaire le peuple et à le tenir content ; car c'est un des problèmes les plus importants que rencontre un prince » (p. 157).

Il faut satisfaire le peuple

La stratégie pour le prince est donc assez simple : résoudre « un des problèmes les plus importants », celui de satisfaire le peuple sans trop brimer les grands, c'est-à-dire de gouverner en respectant l'équilibre des humeurs si caractéristique de la république. Par conséquent, s'il existe une différence très importante entre un gouvernement républicain et une principauté, les problèmes à résoudre sont fondamentalement identiques et la dynamique des forces sociales n'est pas différente. Le prince nouveau qu'appelle Machiavel est une sorte de « dictateur démocratique ». Il est très significatif que Machiavel illustre ce bon gouvernement princier par l'exemple français, un royaume qui a un grand nombre de bonnes institutions, et particulièrement celle des parlements qui permettent de réfréner l'outrecuidance et les ambitions des grands. Il s'agit d'un « tiers juge chargé sans dommage pour le roi de frapper les grands et de favoriser les petits » (p. 157). Que les parlements aient réellement eu, historiquement, cette fonction, on pourrait en discuter, mais, pour la compréhension de l'œuvre de Machiavel, cet exemple est évidemment décisif : loin d'être purement arbitraire, le gouvernement princier est donc, quand il est le plus sûr et le mieux ordonné, déjà ce que l'on pourrait appeler un « État de droit » puisque les relations de pouvoir dans la société sont réglées par un « tiers juge ».

Le caractère « démocratique » du prince est également souligné quand il s'agit des questions de défense. Tout en se gardant de positions générales trop tranchées, car il faudrait discuter, au cas par cas, des décisions à prendre, Machiavel soutient encore la nécessité pour le prince nouveau d'armer ses sujets : avoir des armes à soi, c'est avoir les armes de son peuple. Quant aux autres questions techniques – par exemple celle du rôle des forteresses –, ce sont des questions finalement relativement subalternes. Sans se prononcer sur la nécessité des forteresses, le futur provéditeur aux remparts de Florence conclut tout de même : « Je blâmerai quiconque, se fiant aux forteresses, fera peu de cas d'être haï du peuple » (p. 166).

Les chapitres XXI, XXII et XXIII développent quelques-uns des moyens de n'être pas haï du peuple et de gagner son estime. Sont étroitement mêlées des techniques de pouvoir et des vertus morales. Par exemple, le prince doit être capable de faire parler de lui, par des aventures extérieures où il impose son courage, sa gloire, sa capacité de décision, et, par une politique de « communication », comme nous dirions aujourd'hui, le prince doit faire parler de lui en bien chaque fois que cela est possible : « s'évertuer à donner de soi dans toutes les actions une renommée de grand homme et d'exceptionnelle intelligence » (p. 167). Mais il ne s'agit pas seulement de propagande, de mise en scène. Il faut aussi faire preuve de qualités véritables, comme savoir « être un véritable ami ou un véritable ennemi », c'est-à-dire au fond ne pas être dissimulateur ! Il faut aussi faire preuve de prudence, notamment dans les alliances, savoir s'entourer convenablement et fuir les flatteurs.

Ce qui rend peut-être compliquée la compréhension de la pensée de Machiavel, c'est ce mélange permanent de simples maximes pragmatiques et de vertus morales. Mais en réalité, il n'y a aucun mélange puisque les vertus morales sont tout aussi pragmatiques que les maximes pragmatiques, dans la mesure où leur valeur réside seulement dans l'avantage qu'elles donnent au prince. Mais inversement, toutes ces maximes pragmatiques du « froid réalisme », voire du « cynisme » de Machiavel sont en réalité morales tant est-il que la morale est d'abord et avant tout la recherche d'une vie civile la meilleure possible, ce qui ne se peut qu'avec un État bien ordonné et donc stable.

Le mal nécessaire

Machiavel serait le théoricien de la raison
d'État, c'est-à-dire d'un système de justification politique d'actes moralement inacceptables
mais utiles à la défense de l'État et qui, par là
même, seraient utiles à la communauté que cet
État est chargé de défendre. La raison d'État, de
nos jours, a mauvaise presse, sans doute à juste
titre, et, par voie de conséquence, le « machiavélisme » continue d'en porter les stigmates. Dans
cette affaire, il est nécessaire d'examiner deux
questions distinctes. Tout d'abord, a-t-on vraiment
raison de condamner quasi inconditionnellement
la raison d'État ? Et, deuxièmement, quelles sont
dans les positions politiques et théoriques de
Machiavel celles qui méritent d'être classées sous
le chapitre « raison d'État » ?

C'est en effet un procès assez curieux qui lui est fait. Tout d'abord parce que la raison d'État est un fait universel et tous les États sont « machiavéliques ». Que l'on sache, aucun État ne renonce à l'usage de la violence, que ce soit au plan intérieur ou au plan de la politique extérieure. À part quelques États d'opérette comme la république de San Marino, tous les États ont une armée et une police qui disposent du monopole de l'exercice de la violence légitime, pour reprendre l'expression de Max Weber. Même les États qui ont aboli la peine de mort se donnent le droit de tuer dans des opérations de guerre – même s'ils prennent généralement soin de couvrir ces opérations du manteau de la « défense de la démocratie » ou des « valeurs occidentales ». Le secret d'État est indispensable au maintien de l'État face à ses ennemis intérieurs ou extérieurs et, avec le secret d'État, il y a les espions, les agents infiltrés, la corruption des fonctionnaires des autres pays ou les mouchards dans les partis d'opposition ou dans les groupes qualifiés à tort ou à raison de « subversifs ». Tromper l'ennemi en temps de guerre ou ne pas dévoiler toutes ses intentions en temps de paix sont des qualités pour les dirigeants, alors que la tromperie est considérée comme un péché ou un délit sanctionné pénalement quand il s'agit d'affaires entre des personnes privées.

On pourrait cependant imaginer que le recours à ces procédés que dicte la raison d'État devrait être banni par un gouvernement véritablement démocratique ou un gouvernement qui se fixe non pas l'objectif de maintenir un ordre social fondé sur la domination mais de l'abolir. Il est cependant à craindre qu'il ne s'agisse là que d'une douce rêverie, condamnée à rester une rêverie. Si l'on croit nécessaire qu'existe une organisation politique pour permettre la vie commune des hommes, si l'on refuse de croire possible l'idéal anarchiste, alors il faut admettre que les hommes sont contenus par la loi, par la force et par les ruses. L'État de droit est certainement meilleur que l'absence de lois, mais c'est aussi en partie un déguisement, une de ces idées qui frappent l'imagination, une idée qui fonctionne assez bien parce que l'on trouve toujours des gens pour se laisser tromper. Mais dans « l'État de droit », il y a la matraque et les armes à feu des policiers, les prisons et les gardiens de prison, le secret d'État, le document « confidentiel défense », les archives interdites pendant cinquante ans, etc., toutes choses qui témoignent que l'on ne gouverne pas les hommes seulement par des moyens propres aux hommes mais aussi par des moyens propres aux bêtes. Peut-être peut-on seulement espérer que le gouvernement usera avec sagesse de tous les instruments à sa disposition, et que le peuple, suffisamment épris de sa propre liberté, ne le laissera pas abuser du pouvoir. Mais tant qu'il y a des raisons à l'existence de l'État, il y a de la « raison d'État ».

Machiavel a commis cependant un crime majeur : au lieu d'affubler la violence étatique des dénégations moralistes dont on l'affuble ordinairement, il l'appelle par son nom. Dans les textes de Machiavel, on ne trouve justement pas la ruse et la dissimulation. Il va directement à la « vérité effective des choses ». Il n'y a rien de moins machiavélique que les œuvres de Machiavel ! Contre les mystifications du pouvoir, le démontage machiavélien de la machinerie étatique vise à dire à chaque lecteur, à chaque citoyen peut-être : voilà ce qu'est cette mécanique ; voilà comment et pourquoi vous obéissez.

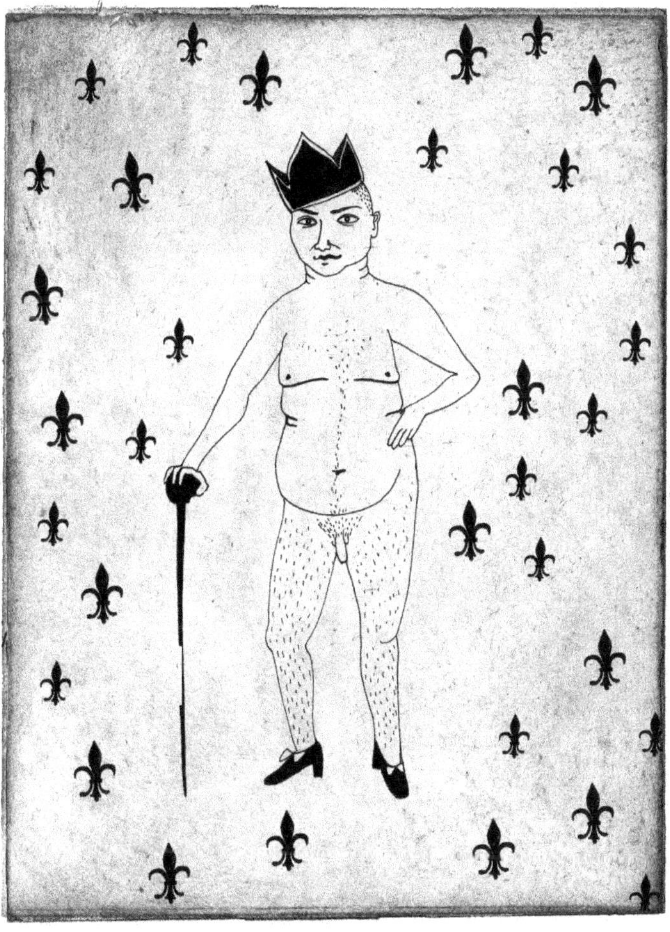

L'histoire donne raison aux vainqueurs

Il convient également de préciser ce que Machiavel défend explicitement et que l'on pourrait ranger sous la rubrique « raison d'État ». Il ne soutient pas n'importe quelle forme de pouvoir politique. Il y a des régimes criminels (chapitre VIII) qui n'entrent visiblement pas dans la catégorie des princes nouveaux que l'on va exhorter à libérer l'Italie des barbares. On a vu également que le prince doit fuir la haine du peuple. Il se fait craindre en frappant l'imagination et en étant impitoyable quand cela est nécessaire, mais il est lui-même toujours sous la crainte du peuple. Même les actions d'éclat par lesquelles un monarque établit sa gloire et son empire ne sont pas toujours à louer. Quand Ferdinand d'Aragon s'en prend aux Juifs, l'ironie grinçante de Machiavel se fait entendre : « Il se décida à une pieuse cruauté en chassant et dépouillant son royaume des Marranes : il ne peut y avoir d'exemple plus pitoyable et plus exceptionnel » (p. 166).

Toute la question encore une fois est de savoir distinguer la fondation d'une république ou d'un royaume de celle d'une tyrannie. Ainsi, abordant le meurtre de Remus par son frère Romulus, Machiavel écrit dans les *Discours* : « Jamais un esprit sage ne reprochera à quelqu'un d'avoir accompli une action extraordinaire pour organiser un royaume ou créer une république. Il faut que, si les faits l'accusent, les effets l'excusent. Quand ils sont bons, comme dans le cas de Romulus, ils l'excusent toujours » (*Discours sur la première décade de Tite-Live*, p. 209). L'action « extraordinaire » de Romulus a été accomplie en vue du bien commun et non dans l'intérêt propre de son auteur ; tel est le seul critère qui permette de distinguer les actions légitimes de celles qui ne le sont point. Cette distinction est d'ailleurs extrêmement classique : ce qui distingue les gouvernements justes des gouvernements injustes, c'est bien de savoir dans l'intérêt de qui est conduite l'action des gouvernants. Un homme seul qui gouverne pour le bien commun est monarque, et s'il ne gouverne qu'en vue de ses propres intérêts alors c'est un tyran.

Notre répulsion face à la justification de « la raison d'État » s'enracine dans cette distinction et donc pourrait lui servir de fondement raisonnable. Quand les gouvernants entretiennent le secret sur certaines de leurs actions ou protègent des comportements qu'autrement on trouverait délictueux, ils ne sont pas critiqués s'il s'agit d'actions dont les finalités sont généralement considérées comme légitimes. Pour prendre des exemples contemporains, on remarquera que l'opinion ne s'est guère émue des méthodes pas toujours très orthodoxes par lesquelles le gouvernement du général de Gaulle s'est débarrassé de l'OAS. En revanche, quand les mêmes agissements sont supposés ne servir que les intérêts des gouvernants, par exemple si le secret est imposé pour couvrir les erreurs ou les fautes de tel ou tel haut responsable, alors ces agissements sont condamnables et l'invocation de la raison d'État n'apparaît que comme la pitoyable excuse de l'inexcusable.

L'objectif ultime : libérer la nation

Les dernières pages du *Prince* donnent le sens complet de l'œuvre. César Borgia est loué dans la mesure où il a tenté de reconstituer un État viable et a mis au pas, par la méthode forte, les « grands » et autres seigneurs de guerre qui dépeçaient la région. Mais ce dont il s'agit dans *Le Prince*, c'est de bien autre chose, une tâche historique qui ne sera accomplie que près de quatre siècles plus tard.

La question de l'unité italienne, en effet, ordonne les réflexions de Machiavel, comme en témoigne le début de son *Histoire de Florence*. L'Italie n'est pas un État, mais elle est une nation, enracinée historiquement dans la formation et le développement de la domination romaine sur la péninsule. L'apparente opposition entre *Le Prince* et les *Discours sur la première décade de Tite-Live* trouve sa solution si l'on considère que *Le Prince* n'est pas un manuel de cynisme politique ou une dénonciation au second degré du pouvoir politique, mais bien une tentative de trouver une solution à la question de l'unité italienne. Les crises des républiques et leur incapacité à unir leurs efforts pour assurer leur liberté vis-à-vis de l'étranger sont incontestables. Machiavel sait bien que chaque cité joue son propre jeu et il a une vision lucide de sa patrie florentine. Les « princes d'Italie ont perdu leurs états » par manque de courage, incapacité à comprendre la nécessité d'avoir des armes, impuissance à se lier au peuple. Comme on l'a vu plus haut, il n'en faut pas accuser la fortune qui a un grand pouvoir sur les choses humaines mais à laquelle on peut résister.

Il faut un prince nouveau, « sage et valeureux », car en Italie il y a matière à « introduire une forme qui lui fasse honneur et du bien à l'ensemble des hommes de ce pays » (p. 176). Le prince est un introducteur de forme, un réformateur, celui qui reforme la nation, mais aussi celui qui, comme le réformateur religieux, la ramène à ses principes primitifs quand ils ont été oubliés. Le premier exemple donné pour

illustrer ce dont il est question est d'ailleurs révélateur puisqu'il s'agit de Moïse. L'Italie contemporaine de Machiavel est plus esclave que les Hébreux et il lui faut donc un Moïse pour lui donner le courage de se soulever, de combattre, et aussi pour lui donner des lois. Hegel, lecteur pénétrant de Machiavel, ne pouvait que trouver dans cet aspect de la pensée quelque chose d'intéressant au plus haut point, car il part d'un constat assez semblable : la France, l'Espagne et l'Angleterre ont formé des États nationaux puissants, mais l'Allemagne de Hegel est comme l'Italie de Machiavel, divisée et devenue le théâtre où s'affrontent les puissances étrangères. Citant longuement le dernier chapitre du *Prince*, Hegel écrit : « À un homme qui s'exprime avec autant de gravité, on ne saurait attribuer aucune bassesse de cœur ni légèreté d'esprit » (*La Constitution de l'Allemagne*, in *Écrits politiques*, traduit de l'allemand par Michel Jacob, Éditions Champ Libre, 1977, p. 118).

Après avoir critiqué la réprobation que l'opinion lie au nom de Machiavel, Hegel poursuit : « Le but que Machiavel se propose, à savoir élever l'Italie au rang d'État, se trouve déjà méconnu par tous les gens aveugles qui ne voient dans l'œuvre de cet auteur qu'une justification de la tyrannie et un miroir doré pour un despote ambitieux. Mais même lorsque ce but est reconnu, alors ce sont les moyens, dit-on, qui sont détestables, et là, la morale a tout le loisir de débiter ses platitudes, par exemple que la fin ne justifie pas les moyens, etc. Or il ne saurait être question ici du choix des moyens : on ne guérit pas des membres gangrénés avec de l'eau de lavande ; un état où le poison et l'assassinat sont devenus des armes courantes n'admet que des remèdes énergiques ; après un temps de corruption, la vie ne peut être réorganisée que par la force et la contrainte » (*loc. cit.*).

Prenant la défense d'un livre – *Le Prince* – qui exprime « une conception pleine de grandeur et de vérité », Hegel passe à l'offensive : « Il ne serait pas inutile de dire ici quelques mots des aspects qu'on oublie généralement, c'est-à-dire des autres conditions tout à fait idéales que Machiavel exige d'un prince parfait et qu'aucun n'a remplies depuis lors, pas même celui qui l'a réfuté. » (*loc.cit.*) C'est à Frédéric II, auteur d'un « anti-Machiavel » que Hegel fait référence. Dire que la voix de Machiavel est restée sans écho, c'est peut-être aller un peu vite : elle a eu de nombreux et importants échos philosophiques. Mais s'il s'agit de ceux qui s'occupent des choses politiques, sans doute, au moins jusqu'au XIXe siècle, l'affirmation de Hegel est-elle justifiée. C'est dans sa patrie que le secrétaire florentin sera à nouveau entendu, au moment où la question de l'unité nationale sera à nouveau posée et résolue.

Pourquoi le républicain Machiavel prend-il la figure du prince ?

Quelle est la signification du *Prince* ? Nous pouvons commencer à mieux la cerner. Dans son étude sur *Les Démocraties italiennes*, Julien Luchaire faisait cette remarque pertinente : « L'étatisme de Machiavel repose sur un démocratisme, dont la sincérité ne peut guère être soupçonnée. Le *Prince* même ne la dément pas : car le prince de Machiavel n'est pas le représentant d'une famille souveraine concentrant tous les pouvoirs de l'État. C'est l'État incarné dans un individu » (*Les Démocraties italiennes*, Flammarion, 1920, p. 296). À Gramsci, on doit quelques-unes des considérations les plus pénétrantes sur le sens profond du *Prince*. Dans les *Cahiers de Prison*, le nom de Machiavel revient à plusieurs reprises, en particulier dans des notes relativement développées du treizième cahier : « Le caractère fondamental du *Prince* est de n'être pas un traité systématique mais un livre "vivant", dans lequel l'idéologie politique et la science politique se fondent dans la forme dramatique du "mythe" » (*Quaderni del carcere*, Einaudi, 2007, p. 1555). Le terme de « mythe » n'est évidemment pas secondaire. Gramsci fait référence à Georges Sorel. Ce dernier, dans son rapport critique au marxisme, fait émerger l'importance des mythes dans la politique révolutionnaire. Discutant de l'importance des idéologies religieuses dans les révolutions du passé, Sorel critique Engels. Contre l'idée d'Engels selon laquelle c'est seulement aux premières phases de la révolution bourgeoise qu'il y a corrélation entre la révolution sociale et des idéologies élaborées sous forme théologique, Sorel écrit dans ses *Matériaux d'une théorie du prolétariat* : « Il s'agit de savoir quels mythes ont, aux diverses époques, poussé au renversement des situations existantes ; les idéologies n'ont été que des traductions de ces mythes sous des formes abstraites » (*Matériaux d'une théorie du prolétariat (1918)*, UQAC, « Classiques des sciences sociales », édition numérique, 2003, p. 178).

Dans la réflexion de Sorel, les mythes sont les véritables moteurs de la transformation sociale. Si les socialistes utopiques sont restés des petits groupes sans véritable influence sociale durable, cela tient à leur manque de mythes : « Les utopistes ne sont point parvenus à déterminer de sérieux mouvements dans le monde, parce qu'ils n'avaient point à leur disposition des mythes doués du pouvoir moteur qui eût été nécessaire » (*ibid.*, p. 180). Ce que Sorel interprète comme le catastrophisme de Marx, l'idée que le mode de production capitaliste va à sa perte dans une espèce de crise finale qui ouvrira la voie à la transformation sociale, est un de ces mythes que Sorel met en parallèle avec le grand mythe anarcho-syndicaliste de la grève générale. Dans ses *Réflexions sur la violence*, il poursuit cette théorie des mythes en montrant que ces croyances que les esprits raisonnables trouvent chimériques ont souvent un rôle fondamental dans l'histoire. Ainsi : « Les premiers chrétiens attendaient le retour du Christ et la ruine totale du monde païen, avec l'instauration du royaume des saints pour la fin de la première génération. La catastrophe ne se produisit pas, mais la pensée chrétienne tira un tel parti du mythe apocalyptique que certains savants contemporains voudraient que toute la prédication de Jésus eût porté sur ce sujet unique » (*Réflexions sur la violence (1912)*, Marcel Rivière, 1936, p. 177-178).

Machiavel, à travers le prince nouveau, personnifie, de manière anthropomorphique, dit Gramsci, une volonté collective qu'il appelle de ses vœux. Et c'est pourquoi « le *Prince* pourrait être étudié comme un exemple de mythe sorélien » (Gramsci, *op. cit.*, p. 1555). Pourquoi le républicain Machiavel prend-il cette figure du prince pour transformer en véritable mythe le programme politique d'un nouvel État ? Remarquons tout d'abord que le prince n'est pas un prince héréditaire, mais bien un prince nouveau, c'est-à-dire quelqu'un qui est devenu prince soit par ses propres armes (révolutionnaires !), soit avec l'assentiment de ses concitoyens (dans les principautés civiles). Ces princes nouveaux sont des figures classiques de l'histoire de l'Italie médiévale et renaissante. Il s'agit soit de princes issus plus ou moins légalement des communes, soit de condottieri devenus les dirigeants de la cité qui les employait.

Du premier exemple, on pourrait citer les Visconti, « seigneurs » (c'est-à-dire membres de la direction de la commune, la seigneurie) qui gouvernent à partir de Jean Galeas sous le nom de « duc de Milan », ou encore les Médicis. Du second exemple, on citera Francesco Sforza, qui, après avoir été condottiere au service de Milan, prendra la ville d'assaut en 1450, et évidemment le Valentinois, duc de Romagne.

Aucun de ces personnages n'est pour Machiavel un exemple à suivre, le Valentinois y compris. Donc, le prince nouveau n'est aucun d'entre eux. Mais ces figures sont celles d'hommes courageux, décidés, prêts à faire ce qu'il faut pour acquérir et conserver leurs États. Donc, en incarnant l'État nouveau à construire dans la figure du prince, Machiavel construit un mythe, et comme tous les mythes il doit emprunter ses éléments visibles à une réalité historique, transfigurée comme l'est celle du condottiere Guidoriccio da Fogliano dans la fresque de Simone Martini au Palazzo Pubblico de Sienne. Mais on ne peut que rejoindre le jugement de Gramsci : « Le caractère utopique du *Prince* réside dans le fait que "le prince" n'existait pas dans la réalité historique, il ne se présentait pas au peuple italien avec des caractères d'immédiateté objective, mais était une pure abstraction doctrinale, le symbole du chef, du condottiere idéal ; mais les éléments passionnels, mythiques, contenus dans le bref volume tout entier, avec un mouvement dramatique d'un grand effet, sont repris et deviennent vivants dans la conclusion, dans l'invocation d'un prince "réellement existant" » (Gramsci, *op. cit.*, p. 1556).

C'est pourquoi, selon Gramsci, le dernier chapitre, l'exhortation à libérer l'Italie des barbares, n'est pas quelque chose d'extrinsèque mais ce qui donne sens à l'ouvrage, ce qui en fait un « manifeste politique ». Il y a bien dans *Le Prince* une combinaison de froide logique et d'imagination qui explique le passage des vingt-quatre premiers chapitres aux deux derniers chapitres : les vingt-quatre premiers chapitres sont d'allure descriptive, froide, avec une pointe d'ironie amère qui perce toujours ; les deux derniers, le chapitre XXV sur la fortune qu'il est possible de forcer et l'exhortation du chapitre XXVI, engagent à l'action et appellent au combat. Ce changement de registre confirme que le prince nouveau est bien un mythe, mais un mythe qui explicite les « normes du salut ».

Conclusion : Contre le prêchi-prêcha moralisateur, une pensée politique pour aujourd'hui

On l'a montré suffisamment. Machiavel est un moraliste et un maître de science politique. La vérité effective de la chose doit être connue de quiconque se pose la question de l'action politique. Le discours de la « politique morale », celui qui enrobe les manœuvres des États derrière « la lutte contre l'empire du mal », les « droits de l'homme », la « liberté » ou que sais-je encore, ne résistent pas à la lecture du *Prince*. Et comme la démocratie ne peut se nourrir que de l'esprit critique des citoyens, il faut bien commencer par dire cette vérité, quelque amère qu'elle soit.

Mais nul désespoir n'en découle. Perdre ses illusions n'empêche pas d'agir, bien au contraire.

Car ce sont les illusions qui rendent impossible toute action efficace. La croyance dans la puissance magique des grands mots creux dispensés par les professeurs de « moraline » n'a jamais permis de remporter une seule bataille. *Le Prince* n'est pas seulement une description des moyens de la politique. Il en indique aussi les fins – celles qui justifient seules ces moyens –, à savoir la « vie civile », la paix et la sécurité des citoyens et la liberté de la patrie. Les hommes que nous honorons encore (de Gaulle chef de la Résistance, par exemple) furent des « princes ». Qui ne voit combien nous avons besoin d'un prince, un prince collectif au sens de Gramsci, au moment où les menaces qui s'accumulent risquent de mettre en cause tout ce à quoi nous tenons ?

Bibliographie

MACHIAVEL (Nicolas), *Œuvres*, traduction Christian Bec, Robert Laffont, « Bouquins », 1999.

GRAMSCI (Antonio), *Quaderni del carcere*, édition critique de Valentino Gerratana, 4 volumes, Einaudi, 2007.

HEGEL (Georg Wilhelm Friedrich), *La Constitution de l'Allemagne*, in *Écrits politiques*, traduit de l'allemand par Michel Jacob, Éditions Champ Libre, 1977.

LUCHAIRE (Jean), *Les Démocraties italiennes*, Flammarion, 1920.

ROUSSEAU (Jean-Jacques), *Œuvres III*, Gallimard, « La Pléiade », 1964.

SOREL (Georges), *Matériaux d'une théorie du prolétariat (1918)*, UQAC, « Classiques des sciences sociales », édition numérique, 2003.

SOREL (Georges), *Réflexions sur la violence (1912)*, Marcel Rivière, 1936.

SPINOZA (Baruch), *Traité politique*, LGF/Le Livre de Poche, 2002.

Table des matières

www.ingramcontent.com/pod-product-compliance
Lightning Source LLC
LaVergne TN
LVHW051159060726
842526LV00014B/3273